Inhaltsverzeichnis

AF285694

Swami Vivekananda
Edward T. Sturdy

Narada Bhakti Sutras

Der Weg der Gottesliebe

eingeleitet und übersetzt von

Gabriele Ebert

Bibliografische Informationen der Deutschen Bibliothek
Die Deutsche Bibliothek verzeichnet diese Publikation in der Deutschen Nationalbibliografie; detaillierte bibliografische Daten sind im Internet über http://dnb.ddb.de abrufbar.

© 2023 Swami Vivekananda, Edward T. Sturdy
Edward T. Sturdy: Narada Sutra: An Inquiry into Love (Bhakti-Jijnasa), London, 1896
Vivekananda: Narada Bhakti Sutras, in: Notes of Class Talks and Lectures, Complete Works VI
Vivekananda: Inspired Talks, 24. June 1895, in: Complete Works VII
Herstellung und Verlag: BoD – Books on Demand, Norderstedt
ISBN: 9783757845728
Buchcover: vermutlich Narada, aus der Sammlung des Britischen Museums, Wikimedia Commons, 19. Jh.

Einleitung

Sutras sind Leitfäden, Aphorismen, kurze belehrende Sätze. Die Narada Bhakti Sutras enthält 84 solcher Aphorismen über die Gottesliebe, dem Bhakti-Marga (Weg der Gottesliebe) oder Bhakti-Yoga, der in Indien neben dem Karma-Yoga (dem Yoga des Handelns), Jnana-Yoga (dem Yoga der Erkenntnis) und Raja-Yoga (dem klassischen, königlichen Yoga) einer der vier Yoga-Wege ist. Sie gelten als ein Standardwerk, zu dem es viele Übersetzungen aus dem Sanskrit ins Englische und Kommentare gibt, allerdings nicht viele in Deutsch.

Narada, dem die Bhakti Sutras zugeschrieben werden, ist ein Weiser aus der indischen Mythologie, der in der hinduistischen Tradition als reisender Musiker und Geschichtenerzähler bekannt ist. Er überbringt den Weisen und Göttern Nachrichten und erleuchtende Weisheiten, wobei er in ferne Welten und Bereiche reist. Oft wird er mit einer Vina und einer Kartal (Klapper) dargestellt und gilt als Meister der alten Musikinstrumente, der mit seinen hingebungsvollen Liedern Vishnu verehrt. Er ist einer vom Geist Brahmas, dem Schöpfergott, erschaffenen Söhnen oder, nach einer anderen Überlieferung, ein Sohn des Weisen Kashyapa. Nach der Bhagavata Purana entstammt er den Gedanken von Hari (Vishnu). Er taucht in einer Reihe von Hindu-Texten auf, insbesondere im Mahabharata und im Ramayana sowie in Erzählungen der Puranas.[1]

Eine zeitliche Einordnung für die Entstehung von Naradas Sutras ist nicht zu ermitteln. Die Geschichte, die sich um ihre Entstehung rankt, erzählt Swami Sivananda in der Einleitung zu seiner Übersetzung: „Der Weise Vyasa hielt sich in seiner Einsiedelei auf. Eines Tages besuchte Narada den Ashram bei seinen Wanderungen. Vyasa begrüßte den Weisen mit den gebührenden Riten und sagte: ‚Der Mensch strebt nach Freiheit. Aber ohne Hingabe ist er trocken. Hingabe ist der einzige Weg, um das Heil zu erlangen. Alle anderen Wege haben nur insoweit Bedeutung, als sie sie unterstützen. Ich bitte dich demütig, mir die Tugend der Hingabe zu erklären.‘“[2]

Narada erklärte daraufhin Bhakti in Form dieser 84 Sutras.

Swami Vivekananda (1863-1902), der berühmte Schüler Ramakrishnas, der alle vier Yoga-Arten und den Vedanta, die Lehre der Nicht-Zweiheit, in den Westen brachte, war im Herbst 1895 in London, wo er ein Vedanta-Zentrum aufbauen wollte. Dabei unterstützte ihn Edward Toronto Sturdy (1860-1957), ein ehemaliger Theosoph, der einige Zeit in Indien verbracht hatte und

---

[1] s. https://www.vyasaonline.com/encyclopedia/narada/ (23.6.2023)

[2] Swami Sivananda: Narada Bhakit Sutras, Uttarakhand, 2008: https://gurudevsivananda.org/Narada_Bhakti_Sutras.pdf (26.6.2023)

sein hingebungsvoller Schüler wurde. Vivekananda half ihm im Gegenzug bei seinem Studium und der Übersetzung der Narada Bhakti Sutras aus dem Sanskrit und auch mit einem Kommentar dazu, der eindeutig Vivekanandas Handschrift trägt. Sturdy veröffentlichte diese Arbeit 1896 unter dem Titel „Narada Sutra: An Inquiry into Love". Dieses Buch enthält eine allgemeine Einleitung und im Anhang einen Artikel über Vivekananda, die hier nicht übersetzt wurden.

Zudem ist eine freiere Übersetzung der Narada Bhakti Sutras von Vivekananda in seinen Complete Works überliefert, die ich mit aufgenommen habe. Allerdings fehlen hier einige Verse.

Im Sommer 1895 verbrachte Vivekananda mit einer kleinen Schülergruppe mehrere Wochen im Thousand Island Park, einem Dorf auf Wellesley Island, einer der größeren Inseln der Inselgruppe am St. Lawrence-Strom im Bundesstaat New York, wo er täglich Unterricht gab. Sein Vortrag am 24. Juni hatte die Narada Bhakti Sutras zum Thema. Er wurde wie die anderen Vorträge mitgeschrieben.

Die Narada Bhakti-Sutras sind nach wie vor aktuell. Dieselben Aussagen über die Gottesliebe finden sich in allen Religionen, auch im Christentum. Gott ist die Liebe – so heißt es überall. Als Liebe kann Gott, ob persönlich oder unpersönlich, von allen verstanden und erlebt werden.

Gabriele Ebert

Vivekanandas Übersetzung der Narada Bhakti Sutras

(Eine freie Übersetzung von Vivekananda,
aus: Complete Works VI[3])

Kapitel I

1. Bhakti ist intensive Liebe zu Gott.

2. Sie ist der Nektar der Liebe.

3. Wenn der Mensch sie erhält, wird er vollkommen, unsterblich und für immer zufrieden.

4. Wenn der Mensch sie erhält, begehrt er nichts mehr, ist auf nichts eifersüchtig und erfreut sich nicht an Eitelkeiten.

5. Wenn der Mensch sie erkennt, wird er von Geistigkeit erfüllt, wird ruhig und findet nur an Gott Freude.

6. Sie kann nicht benutzt werden, um irgendeinen Wunsch zu erfüllen, da sie selbst die Kontrolle für alle Wünsche ist.

7. Sannyasa (Mönchtum) bedeutet, sowohl die populären Formen als auch die Formen der Verehrung, die die Schriften empfehlen, aufzugeben.

---

[3] Swami Vivekananda: Complete Works: http://ramakrishnavivekananda.info/vivekananda/complete_works.htm (23.6.2023)

8. Der Bhakti-Sannyasin ist derjenige, dessen ganze Seele zu Gott geht. Alles, was der Liebe zu Gott entgegensteht, lehnt er ab.

9. Er gibt alle anderen Zufluchten auf und nimmt Zuflucht bei Gott.

10. Die Schriften sind zu befolgen, solange das eigene Leben noch nicht gefestigt ist.

11. Sonst besteht die Gefahr, im Namen der Freiheit Böses zu tun.

12. Wenn die Liebe gefestigt ist, werden auch die gesellschaftlichen Formen aufgegeben, außer denen, die zur Erhaltung des Lebens notwendig sind.

13. Es gibt viele Definitionen der Liebe, aber Narada gibt diese als Zeichen der Liebe an: Wenn alle Gedanken, alle Worte und alle Taten dem Herrn übergeben werden und die geringste Vergesslichkeit Gottes einen zutiefst unglücklich macht, dann hat die Liebe begonnen.

14. Wie die Gopis (Hirtinnen) sie hatten –

15. Denn, obwohl sie Gott als ihren Geliebten verehrten, vergaßen sie niemals sein göttliches Wesen.

16. Sonst hätten sie die Sünde der Unkeuschheit begangen.

17. Dies ist die höchste Form der Liebe, weil es kein Verlangen nach Gegenseitigkeit gibt, das in jeder menschlichen Liebe ist.

Kapitel II

1. Bhakti ist größer als Karma (der Yoga des Handelns), größer als Jnana (der Yoga der Erkenntnis), größer als Yoga (Raja-Yoga, der königliche Yoga), weil Bhakti selbst ihr Ergebnis ist, weil Bhakti sowohl das Mittel als auch das Ziel (die Frucht) ist.

2. Wie ein Mensch seinen Hunger nicht durch bloßes Wissen oder den Anblick von Nahrung stillen kann, so kann ein Mensch nicht durch das Wissen oder auch nur durch die Wahrnehmung Gottes gesättigt werden, bis die Liebe kommt. Deshalb ist die Liebe das Höchste.

Kapitel III

1. Dies aber haben die Meister über Bhakti gesagt:

2. Jemand, der diese Bhakti will, muss Sinnesfreuden und sogar die Gesellschaft von Menschen aufgeben.

3. Tag und Nacht muss er an Bhakti denken und an nichts anderes.

4. (Er muss) dorthin gehen, wo gesungen oder von Gott gesprochen wird.

5. Die Hauptursache für Bhakti ist die Barmherzigkeit einer großen (oder freien) Seele.

6. Das Zusammentreffen mit einer großen Seele ist schwer zu erlangen, und es gelingt dadurch immer, die Seele zu retten.

7. Durch die Gnade Gottes erhalten wir solche Gurus.

8. Es gibt keinen Unterschied zwischen Ihm (Gott) und den Seinen.

9. Sucht daher danach.

10. Schlechte Gesellschaft ist immer zu meiden.

11. Denn sie führt zu Lust und Zorn, Illusion, Vergessen des Ziels, Zerstörung des Willens (mangelnde Ausdauer) und Zerstörung von allem.

12. Diese Störungen mögen anfangs wie kleine Wellen sein, aber schlechte Gesellschaft macht sie schließlich wie das Meer.

13. Derjenige überwindet Maya (die Illusion), der alle Anhaftungen aufgibt, den Großen dient, allein lebt, die Fesseln dieser Welt durchschneidet, über die Eigenschaften der Natur hinausgeht und sogar für seinen Lebensunterhalt vom Herrn abhängt.

14. Wer die Früchte der Arbeit aufgibt, wer alle Arbeit und den Dualismus von Freude und Elend aufgibt, wer sogar die Schriften aufgibt, erlangt diese ununterbrochene Liebe zu Gott.

15. Er überquert diesen Fluss und hilft anderen, ihn zu überqueren.

Kapitel IV

1. Das Wesen der Liebe ist unaussprechlich.

2. Wie der stumme Mensch nicht ausdrücken kann, was er schmeckt, aber seine Handlungen seine Gefühle

preisgeben, so kann der Mensch diese Liebe nicht in Worten ausdrücken, aber seine Handlungen verraten sie.

3. Bei einigen wenigen Menschen wird sie ausgedrückt.

4. Die feinste Wahrnehmung ist die Liebe, jenseits aller Eigenschaften, aller Begierden, immer größer werdend, ununterbrochen.

5. Wenn ein Mensch diese Liebe bekommt, sieht er überall Liebe, hört er überall Liebe, spricht er überall Liebe, denkt er überall Liebe.

6. Je nach den Eigenschaften oder Bedingungen manifestiert sich diese Liebe unterschiedlich.

7. Die Eigenschaften sind: Tamas (Dumpfheit, Schwere), Rajas (Unruhe, Aktivität), Sattva (Gelassenheit, Reinheit); und die Zustände sind: Arta (unglücklich), Artharthi (etwas wollen), Jijnasu (die Wahrheitssuche), Jnani (der Wissende).

8. Von diesen sind die letzteren höher als die vorhergehenden.

9. Bhakti ist der einfachste Weg der Verehrung.

10. Sie ist ihr eigener Beweis und erfordert keinen anderen.

11. Ihre Natur ist Frieden und vollkommene Glückseligkeit.

12. Bhakti strebt niemals danach, irgendjemanden oder irgendetwas zu verletzen, nicht einmal die populären Formen der Verehrung.

13. Gesprächen über Lust, Zweifel an Gott oder über die eigenen Feinde dürfen nicht gehört werden.

14. Egoismus, Stolz, etc. müssen aufgegeben werden.

15. Wenn man diese Leidenschaften nicht beherrschen kann, muss man sie Gott überlassen und alle seine Handlungen auf Ihn richten.

16. Verschmelze die Dreifaltigkeit von Liebe, Liebender und Geliebter und verehre Gott als Seinen ewigen Diener, Seine ewige Braut – so soll die Liebe zu Gott erfolgen.

Kapitel V

1. Die Liebe ist am höchsten, die sich auf Gott konzentriert.

2. Wenn jene von Gott sprechen, bleibt ihnen die Stimme im Halse stecken, sie weinen. Und sie sind es, die heiligen Orten ihre Heiligkeit verleihen. Sie machen gute Werke, gute Bücher besser, weil sie von Gott durchdrungen sind.

3. Wenn ein Mensch Gott so sehr liebt, freuen sich seine Vorfahren, die Götter tanzen, und die Erde bekommt einen Meister!

4. Für solche Liebenden gibt es keinen Unterschied von Kaste, Geschlecht, Wissen, Gestalt, Geburt oder Reichtum.

5. Denn sie sind alle von Gott.

6. Auseinandersetzungen sind zu vermeiden.

7. Weil sie kein Ende haben und zu keinem befriedigenden Ergebnis führen.

8. Lies Bücher, die von dieser Liebe handeln, und vollbringe Taten, die sie vermehren.

9. Verzichte auf alle Wünsche nach Vergnügen und Schmerz, Gewinn und Verlust und bete Gott Tag und Nacht an. Kein einziger Augenblick soll vergeblich verbracht werden.

10. Ahimsa (Nicht-Töten), Wahrhaftigkeit, Reinheit, Barmherzigkeit und Frömmigkeit sollen immer bewahrt werden.

11. Indem man alle anderen Gedanken aufgibt, sollte der ganze Geist Tag und Nacht Gott verehren. Dadurch, dass Er Tag und Nacht angebetet wird, offenbart Er sich selbst und lässt sich von Seinen Verehrern spüren.

12. In Vergangenheit, Gegenwart und Zukunft ist die Liebe am größten!

Indem wir den alten Weisen folgen, haben wir es gewagt, die Lehre der Liebe zu predigen, ohne den Spott der Welt zu fürchten.

Edward T. Sturdy:
Narada Sutra
oder die Erforschung der Liebe

Edward T. Sturdy, ca. 1902, Vivekananda in London, 1895

1. Wir werden jetzt die Liebe (Bakti) erklären.

2. Ihr Wesen ist äußerste Hingabe (Prema-Rupa) an jemanden.

3. Die Liebe ist unsterblich (Amrta-Rupa).

Zu Beginn dieser Verse begegnen wir den beiden Worten Bhakti und Prema. Das erste Wort wurde oft mit „Glaube" übersetzt, was zu Verwirrung führte und dazu, dass der Begriff mit der westlichen Glaubenslehre gleichgesetzt wurde, mit der er nichts zu tun hat. Es bedeutet Hingabe, Liebe, Treue zu etwas Höherem als sich selbst, vermischt mit einem Element von Respekt, Ehrfurcht und Verehrung.

Prema hingegen bedeutet intensive Hingabe, die Liebe und Loyalität eines Gleichen zu einem Gleichen und ist eine höhere Form. Es ist das Stadium, in dem der Verehrer der Gottheit gegenüber als Geliebten und Liebender steht, worauf später eine vollständige Identität der beiden folgt.

Obwohl Bhakti oft im Sinne von Prema verwendet wird, findet man nie das Gegenteil. Zum Beispiel: „Ich bin derselbe inmitten aller Wesen, für Mich ist keiner hassenswert, keiner liebenswert, aber die, die mich mit Liebe (Bhakti) verehren, sind in Mir, und Ich bin auch in ihnen." (Bh. Gita IX, 29)

Hier sind Liebender und Geliebter gemeint, und Bhakti steht für Prema. Im gesamten Narada Sutra steht Bhakti also für Para (übermäßige) Bhakti, und das ist dasselbe wie Prema. Daher wird im zweiten Vers Bhakti mit Prema gleichgesetzt, damit die geringeren Bedeutungen der Verehrung, wie z.B. rituelle Verehrung usw., den Leser nicht verwirren. Zum Beispiel nimmt die Liebe hier in der objektiven Welt – in der Welt der Sterblichen – das „Wesen der äußersten Hingabe" des einen zum anderen an. Aber die Liebe selbst wird nie gesehen. Nur ihre Manifestationen werden gesehen. „Die Liebe ist unsterblich."

Die Liebe ist eine der Definitionen oder Methoden, mit denen der endliche und sterbliche Geist versucht, seine Vorstellung von seiner wesentlichen und ewigen Natur auszudrücken. Durch den Schleier des Geistes und der Sinne erscheint sie als etwas von sich selbst Getrenntes, als ein göttliches Prinzip, das den Geist mit einem Strahl seiner selbst erleuchtet. („Liebe ist Gott.")

Diese Vorstellung des abstrakten Prinzips der Liebe als Liebender ist eine enorme Hilfe beim Aufstieg, den der Geist schließlich bis zur letzten Offenbarung, den letzten Worten, die gesprochen werden können, machen muss: „Du selbst bist DAS." Es ist der natürliche Prozess, den der Mensch durchläuft, und die verschiedenen religiösen Vorstellungen zeigen seine verschiedenen Phasen bis zum höchsten und letzten Ausdruck, dem Advaita Vedanta (der Lehre der Nicht-Zweiheit), der keine Dualität, nichts außer dem Selbst anerkennt.

„Ich erwecke unverzüglich jene aus dem Ozean von Geburt und Tod, die durch ihren Geist in Mich eingetreten sind." Bh. Gita XII, 7

4. Der Mensch wird vollkommen, wird unsterblich, wird zufrieden, wenn er das erlangt.

5. Und wenn er das erlangt, begehrt er nichts, trauert nicht, hasst nicht, erfreut sich nicht (an sinnlichen Dingen), macht keine Anstrengung (für selbstsüchtige Zwecke).

6. Indem er das weiß, wird er (von Freude) berauscht, verzaubert und erfreut sich am Selbst.

Wenn der Mensch sich mit der Liebe vereinigt hat, hat er sich mit der Vollkommenheit identifiziert, denn er ist in Einklang mit dem, was keinen Makel hat. Durch diese Vereinigung wird er unsterblich.

Er ist zufrieden, denn er hat alles gegeben und verlangt keine Gegenleistung. Er kann weder leiden noch hassen, denn er hat sich mit allem Leben identifiziert, und für ihn hören Trennung, Verletzung, „mein" und „dein" und all jene Trugschlüsse, durch die wir gebunden sind, auf zu existieren.

Wie kann er sich an sinnlichen Dingen erfreuen, die die Bindung an eine konkrete, egoistische Persönlichkeit erfordern? Wofür sollte jemand arbeiten, der sich selbst überall sieht?

Nur durch einen kleinen Schimmer von Glück können selbst die am meisten unterdrückten, elendsten Menschen ihre Existenz aufrechterhalten. Dieses Glück nimmt zu, wenn die Liebe verwirklicht wird. Wer hat, auch ohne Weisheit, nicht schon einmal Freude erlebt? Aber sie verflog schnell, denn sie war nur die Erfüllung eines Wunsches oder die Befriedigung des Willens, und sowohl der Wunsch als auch die Erfüllung betrafen etwas Vergängliches. Der erfüllte Wunsch und das damit verbundene Glück verblassen bald im Grau der Vergangenheit und sind dann kein Thema mehr für etwas anderes als Bedauern oder bestenfalls Nachdenken.

Wer aber die Liebe erkannt hat, hat die Quelle allen Glücks gefunden, ein Glück, das nicht vergehen kann, weil sein Gegenstand unvergänglich ist. Es gibt kein Wort, das diesen Zustand adäquat beschreibt. Dazu müssen Worte verwendet werden wie mattah, verrückt, berauscht.

„Er erkennt, dass das Glück Brahman ist. Aus dem Glück werden all diese Geschöpfe geboren. Wenn sie geboren werden, leben sie durch das Glück. Wenn sie gehen, gehen sie in das Glück ein." (Tait. Up., Ill, 6)

Das Selbst – Atman – ist das philosophische Wort, das versucht, dieselbe Abstraktion zu definieren, die derjenige, der den Weg der Hingabe beschreitet, Liebe nennt. „Er erfreut sich am Selbst", das allen Manifestationen gemeinsam und nun mit ihm selbst identisch ist.

7. Sie (die Liebe) kann nicht dazu gebracht werden, Wünsche zu erfüllen, denn ihr Wesen ist Verzicht.

8. Entsagung ist der Verzicht auf Rituale und weltliche Dinge.

9. Ausschließliche Hingabe an die Liebe und Gleichgültigkeit gegenüber allem, was ihr entgegensteht.

10. Ausschließliche Hingabe ist der Verzicht auf alle anderen Zufluchtsorte (außer der Liebe).

11. Und sie folgt in weltlichen Angelegenheiten dem, was mit den Schriften übereinstimmt.

12. Die Anweisungen der Schriften sollen befolgt werden, bis die Überzeugung sich gefestigt hat.

13. Sonst besteht die Gefahr des Fallens.

14. Auch weltliche Gebräuche sollen bis dahin beachtet werden. Essen und andere notwendige körperliche

Tätigkeiten bleiben bestehen, solange der Körper erhalten bleibt.

Falls noch Zweifel an der Natur der Liebe bestehen, von der die Narada Sutras handelt, ob es sich um menschliche Leidenschaft oder um jene andere wunderbare göttliche Eigenschaft handelt, die der Mensch in sich selbst manifestieren kann, so wird dies durch Sutra 7 ausgeräumt. Das eigentliche Wesen dieser Liebe ist Entsagung. Die Liebe kann dreifach unterteilt werden.

1. Wenn das einzige Motiv darin besteht, Vergnügen zu empfangen – alles zu nehmen und nichts zu geben.

2. Wo es einen Austausch gibt und das Lieben davon abhängt, geliebt zu werden – „Ich liebe dich, weil du mich liebst."

3. Wo es bedingungslose Hingabe gibt, die alles gibt und nichts sucht, keine Würdigung, keine Gegenleistung.

In die erste Kategorie gehört der Sinnesmensch, in die zweite die gewöhnliche menschliche Liebe zwischen Männern und Frauen oder zwischen Freunden, die manchmal mit einem kleinen Hauch der dritten Kategorie vermischt ist. Derjenige, der nur der dritten Kategorie angehört, ist der wahre Bhakta (Gottliebende). Er allein steht an der Grenze zu sich selbst, indem er ganz in der Liebe – in der Gottheit – und in der Nichtanerkennung von „Ich" und „Du" aufgeht. Für ihn ist alles „Ich" oder alles „Du", ohne Unterscheidung zwischen sich und anderen oder zwischen sich und Gott.

Als Entsagung gilt der Verzicht auf Rituale und weltliche Angelegenheiten. Rituale werden durchgeführt, um einen Vorteil zu erlangen, hier oder im Jenseits. Weltliche Angelegenheiten werden verfolgt, um Wohlstand oder ein Ziel zu erreichen. All diese Dinge sind der Liebe fremd, aber sie können Werkzeuge sein, die für das Wohl der Welt eingesetzt werden, und sind dann „in Übereinstimmung" mit der Liebe.

Sie können nicht plötzlich aufgegeben werden. In diesem Fall würde der Verzicht viel eher zum Untergang führen, zu einem Rückfall in die Zügellosigkeit, zu Nachlässigkeit in Bezug auf heilige Dinge – kurz, eher zu tieferer Knechtschaft als zu Freiheit.

Nur der Starke kann frei sein. Nur der vollkommen Liebende kann alle Schutzvorkehrungen ablegen, die lange Zeitalter menschlichen Leidens und menschlicher Erfahrung als Panzer für den Einzelnen und die Gesellschaft aufgebaut haben. Solange der Mensch einen Körper hat, wird er Nahrung, Ruhe und Schutz vor Hitze, Kälte usw. brauchen. Hier wird vor falscher Askese gewarnt, die den selbstbezogenen Egoismus verstärkt, ihn aber nicht mindert.

Wer überall gleich liebt, braucht keine Askese zu suchen. Sie wird ihn suchen, solange er eine Münze zu geben, ein Brot zu teilen oder einen Mantel zu geben hat. Und sie wird bis zum Ende bei ihm bleiben. Die

Sorge um den Körper darf nicht vernachlässigt werden. Der Grad des Fortschritts zu wahrer Erkenntnis und Liebe hängt von der Haltung des Geistes ab, ob der Körper als „mein Körper" oder nur als „dieser Körper" betrachtet wird.

Vollkommene Keuschheit und der intensive positive Zustand, der durch die ständige Kontrolle aller zornigen, neidischen, ehrgeizigen oder sinnlichen Gedanken entsteht, wirken sich auf die körperliche Verfassung aus. Es gibt keinen Verlust an Kraft in der Natur. Der Wille, der sich nicht in diesen äußeren Zuständen verausgabt, kommt in einer höheren Manifestation als Ojas – Kraft, Stärke, Feuer, Glanz – wieder zum Vorschein, das auf alles angewandt wird, was unternommen wird. Durch Ojas trotzen der Bhakta, der Jnani und der Tapaswi – der Gottliebende, der Mensch, der vollkommene Unterscheidungskraft erlangt hat, und der Asket – gleichermaßen den beißenden Winden und dem Schnee in den Bergen und der sengenden Sonne in den Ebenen und Wüsten.

15. Es folgen die unterschiedlichen Definitionen der Liebe:

16. Vyasa sagt, sie ist Hingabe an die Verehrung.

17. Garga sagt, sie ist Hingabe an das Hören über den Atman.

18. Sandilya sagt, sie ist das ununterbrochene Gefühl des universellen Selbst in sich.

19. Aber Narada sagt, sie ist die Hingabe aller Handlungen an Gott und das Gefühl größten Elends, wenn man Gott vergisst.

20. Es ist in der Tat so.

Es werden nun vier Definitionen von Liebe gegeben. Die ersten beiden können als rituelle Hingabe bezeichnet werden. Die letzten beiden repräsentieren die beiden großen Schulen der Dualisten und Nicht-Dualisten. Das Narada Sutra ist dualistisch, das Sandilya Sutra ist nicht-dualistisch.

Die erste Definition setzt eine Gottheit voraus, die außerhalb der Seele steht und ewig getrennt ist.

Die zweite Definition erkennt nur ein ewiges Selbst an, das sich in allen Geschöpfen manifestiert. Diese scheinbar getrennten Existenzen können durch die Begrenzung der Liebe in ihnen und die Erzeugung von Egoismus entstehen. Wenn die Fülle der Liebe erreicht ist, wird die Anerkennung des „Einen ohne ein Zweites" erreicht. Solange es kein Verlangen nach der Liebe gibt, die alle Begrenzungen auflöst, gibt es ein individuelles, egoistisches Leben nach dem anderen, mit dem damit verbundenen Elend von Geburt, Wachstum, Alter, Verfall und Tod. Es gibt keinen Frieden, kein Ziel für diejenigen, die nicht lernen zu lieben. Sie werden auf dem sturmgepeitschten Meer der Trennung, das Welt genannt wird, hin und her geworfen und streben immer nach dem Vergeblichsten und Vergänglichsten, nach der persönlichen und getrennten Existenz, nach der Selbstsucht. Ach, welch ein Elend ist das! Ein solches Streben erfüllt nicht einmal die Vorstellungen von Ethik und Philosophie.

Selbstbejahung ist Tod, Selbstverneinung ist ewiges Leben.

Sankaracharya, der große Begründer des nicht-dualistischen Systems, hat darauf hingewiesen, dass die Lehre der Nicht-Dualität eine Erweiterung anderer Lehren darstellt und nicht im Widerspruch zu ihnen steht.

Wer also diese Lehre vertritt, kann mit vollkommenem Mitgefühl und Geduld auf diejenigen blicken, die immer noch eine Gottheit oder Götter in der Natur brauchen oder sehen, die von ihnen getrennt sind.

Der Verstand kann nicht immer in den höchsten Abstraktionen verweilen. Er kann dann auf die Vorstellung von sich selbst als getrennt von der Gottheit zurückfallen. Wenn der Verstand dies tut, nimmt er wieder die Form des „Ichs" an und sieht das, was jenseits dieser Vorstellung ist, das unveränderliche Selbst, Gott, nun scheinbar außerhalb und jenseits seiner selbst − als Nicht-Ich. Von diesem Standpunkt aus strebt er nach vollständiger Hingabe an den göttlichen Willen, als Sklave, als Diener oder als Liebender. Mit der völligen Ergebenheit kommt die völlige Identität. In der vollkommenen Liebe gibt es keinen Platz für „Ich" und „Du".

21. Wie es bei den Hirtinnen von Vraja der Fall war.

22. Nicht einmal dort kann der Vorwurf erhoben werden, dass das Wissen um das große Selbst vergessen wurde.

23. Ohne das wäre es die Liebe von gewöhnlichen Liebenden gewesen.

24. In dieser Liebe (von gewöhnlich Liebenden) gibt es nicht nur das Glück im Glück des anderen.

Diese Anspielung bezieht sich auf das Spiel Krishnas mit den Hirtinnen, wie es in der Vishnu Purana und anderswo beschrieben wird. Vielleicht ist keine andere hinduistische Allegorie so verleumdet worden. Sie wurde von einigen schlechten Menschen als ein Vorwand für Freizügigkeit unter dem Deckmantel der Religion betrachtet, wie ähnliche Allegorien auch. Sie wurde von Unwissenden, Missionaren und anderen als Waffe der feindseligen Kritik gegen die Hindu-Religionen eingesetzt. Wir können mit Sicherheit behaupten, dass keiner von ihnen das Original gelesen, sondern lediglich nach einem Mittel gesucht hat, die Religion anderer Menschen zu zerstören, um seine eigene zu verfechten. Die Zeit könnte besser genutzt werden, indem man auf die ursprüngliche Absicht der Allegorie hinweist, womit man sowohl sich selbst als auch die Menschen, mit denen man in Kontakt kommt, erheben würde.

Indem sie die andere Haltung einnehmen, bestätigen sie den Paria (Kastenlosen) in seiner Unwissenheit, schüren seinen Groll und stehen als Feinde Krishnas, des Göttlichen, da. Die Liebe ist eins, ob man sie nun als die von Christus, Krishna oder irgendeinem anderen individualisierten Ausdruck der Wahrheit bezeichnet. Solange dies nicht erkannt wird, werden sich die Sekten und Religionen bekriegen und Missionare aussenden, um zu beleidigen und zu irritieren, um Glaubensbekenntnisse zu lehren – und nicht Liebe und Wahrheit. Die Liebe zu Krishna ist tief im Herzen der Hindus verankert und kann nicht ungestraft herabgewürdigt werden. Doch trotz all dieser Irritationen hat sich noch kein Hindu gefunden, der mit einer Beleidigung oder Kritik am Gründer des Christentums kontern würde. Für den Hindu ist eine solche Kritik am Reinen und Edlen jeder Rasse und jedes Zeitalters ein furchtbares Verbrechen, das weitreichende Vergeltungsmaßnahmen nach sich zieht. Es ist schade, dass wir nicht genauso denken.

„Eine (Hirtin) erblickte beim Hinausgehen einige ältere Familienmitglieder und wagte es nicht [zu Krishna zu gehen], sondern begnügte sich damit, mit geschlossenen Augen und ganzer Hingabe über Krishna zu meditieren, wodurch augenblicklich alle Ergebnisse ihrer Handlungen durch ihre Begeisterung ausgelöscht und alle Sünden durch ihr Bedauern, Ihn nicht gesehen zu haben, gesühnt wurden. Und andere wiederum, die über die Ursache der Welt in der Gestalt des höchsten Brahma nachdachten, erlangten durch ihr Seufzen die endgültige Befreiung." (Vishnu Purana Buch V, Kap. XIII, übersetzt von Wilson.)

Sowohl Narada als auch Sandilya rücken die Allegorie wieder in ihr richtiges Licht, wobei ersterer sie als Beispiel für seine eigene Definition von Liebe nimmt, nämlich „das größte Elend darin zu spüren, Gott zu vergessen".

Die Liebe wurde im Kommentar zu den Sutras 7-14 dreifach unterteilt. Die Liebe der gewöhnlich Liebenden, die immer egoistisch ist, findet ihren Platz unter der ersten oder zweiten dieser Rubriken.

25. Die Liebe ist größer als Arbeit, Wissen oder Yoga.

26. Weil sie ihr eigenes Ziel ist.

27. Und weil Iswara (die persönliche Gottheit) Stolz hasst und Demut liebt.

28. Manche sagen, Wissen sei in der Tat das Mittel zur Liebe.

29. Andere sagen, Liebe und Wissen seien voneinander abhängig.

30. Die Söhne Brahmas (Narada und Sanatkumara) sagen, dass die Liebe ihr eigener Lohn sei.

31. Wie im Beispiel von einem Palast, von Nahrung usw. zu sehen ist.

32. So gibt es weder Befriedigung für den König noch ein Ende des Hungers.

33. Deshalb sollten diejenigen, die sich nach Befreiung sehnen, nur die Liebe annehmen.

Narada behauptet, dass die Liebe größer ist als Arbeit, Wissen oder Yoga, und begründet dies damit, dass sie ihr eigenes Ziel ist und nicht nur ein Mittel zum Zweck, wie Wissen es ist, wie er behauptet. Wir haben ein Sprichwort: „Tugend ist ihr eigener Lohn." Narada sagt dasselbe über die Liebe.

Wenn ein König einen Palast sieht, dann weiß er von dessen Existenz, aber er wird durch dieses Wissen nicht glücklich, denn er besitzt ihn nicht. So ist es auch bei einem hungrigen Menschen. Das Wissen um das Vorhandensein von Nahrung befriedigt ihn nicht. Es ist nicht nötig, eine lange Abhandlung darüber zu schreiben. Es ist lediglich der Streitpunkt zwischen denen, die dem Pfad der Liebe (Bhakti-Marga) und dem Pfad der Weisheit (Jnana-Marga) folgen. Derjenige, der Weisheit besitzt, überfließt von Liebe. Derjenige, der voll und ganz liebt, überfließt von tiefster Weisheit. Der Weg der Liebe wird im Allgemeinen als der leichtere angesehen, da er direkt auf das Herz einwirkt. Das Gleiche gilt für die Weisheit, die jedoch mit bloßer Intellektualität verwechselt werden kann. Ein Mensch kann sich in der Schlinge des Denkens verfangen – die hoffnungsloseste und schwierigste Form der Unwissenheit.

Der Fortschritt des Menschen hängt von der Befreiung des Herzens ab. Alles andere ist nebensächlich. Das Herz ist der Sitz des Egoismus in all seinen Formen. Der Verstand kann die klarsten und ausgeklügeltsten Pläne zur Errettung aus dem Elend ausarbeiten, er mag für sich selbst eine Erklärung für jedes Phänomen im Universum haben, doch das Herz kann dunkel bleiben und von keinem entsprechenden Strahl der Liebe oder Weisheit erhellt werden.

Das Herz ist vollkommen zufrieden, wenn der Verstand sich amüsiert, solange er die Herrschaft des Herzens nicht beeinträchtigt, denn der Verstand existiert immer als Handlanger des Herzens. Die Kämpfe des Verstandes drehen sich ausschließlich um intellektuelle Probleme, um Ursache und Folge in irgendeiner Form. Das Herz kämpft mit den Gefühlen und Wünschen, und dazu braucht es das Licht des Verstandes. Aber oft ruft das selbstsüchtige Herz nie nach dem Licht. Es bewegt sich nicht, und wie stark das Licht auch sein mag, das ihm zur Verfügung steht, es macht keinen Gebrauch davon. Dieser Zustand kann zur Gewohnheit werden, und das Leben erstarrt, was das Erreichen der Glückseligkeit der Befreiung betrifft.

Erst wenn ein großer Schmerz oder eine Katastrophe eintritt, die alle erwünschten Verbindungen, mit denen sich das Herz umgeben hat, vollständig zu zerstören droht, ruft dieses selbstsüchtige Herz den Verstand zu Hilfe, um ihm bei diesem Problem zu helfen. Nachdem es ihn bisher nur als Diener seines Vergnügens benutzt hat, braucht es ihn jetzt, um sich vor dem Elend zu retten.

Liebe und Weisheit kämpfen gewissermaßen um den Thron des Herzens. Ihre Feinde sind Begierde und Unwissenheit. Das Herz gerät manchmal mit seinem eigenen Diener, dem Verstand, aneinander. Und dadurch können Liebe oder Weisheit an Boden gewinnen, indem es den einen oder den anderen auf seine Seite zieht. Sein endgültiger Sieg ist gesichert, denn das Gesetz des unerbittlichen Leidens drängt immer von hinten, und unveränderlicher Friede und Glück werden immer als Bedingungen für eine vollständige Kapitulation in Aussicht gestellt.

„Iswara hasst Stolz und liebt Demut." Das ist interessant, weil es die Form zeigt, die diese abstrakte These für diejenigen annimmt, die eine Gottheit sehen, deren Vorlieben und Abneigungen in diese Eigenschaften von Demut und Stolz unterteilt sind. Alle Menschen sehen, dass Stolz zu vermeiden ist. Die Begründungen sind so angelegt, dass sie mit den grundlegenden Ansichten über das Problem der Welt übereinstimmen, die man vertreten kann.

34. Die Lehrer verraten so die Mittel, um sie (die Liebe) zu erreichen.

35. Indem man Sinnesobjekte und weltliche Gesellschaft aufgibt.

36. Und durch ständige Hingabe.

37. In der Welt auch durch das Wiederholen und Hören des Lobes von Bhagavan (Gott).

38. Aber vor allem durch das Mitgefühl des Großen oder durch einen Funken göttlicher Barmherzigkeit.

39. Die Gesellschaft der Großen ist schwer zu bekommen, schwer zu erreichen und niemals vergeblich.

40. Sie wird durch die Barmherzigkeit Gottes erlangt.

41. Weil es keinen Unterschied zwischen der [Barmherzigkeit] der Göttlichkeit und der [Barmherzigkeit] der Großen gibt. (Wir erlangen Liebe durch die Gesellschaft der Großen.)

42. Übe sie allein, übe sie allein.

Die Gesellschaft guter und heiliger Menschen wurde schon immer als Hilfe für ein reines Leben betrachtet. Selbst wenn bei einem Gespräch kein Wort verstanden wird, kommen in Indien die Armen und Unwissenden und sitzen stundenlang in der Gesellschaft derer, die sie für heilig oder vorbildlich in ihrem Leben halten, beobachten den Ausdruck ihrer Gesichtszüge und ihre Handlungen und gehen respektvoll mit diesem Eindruck in ihren Herzen weg. Wir müssen etwas mehr tun, als nur mit den Guten und Großen zu verkehren. Wir müssen unsere Herzen zu den ihren machen. Sie sind „schwer zu bekommen", denn sie sind schwer zu finden, und wenn sie gefunden sind, sind sie in der Tat „schwer zu erreichen".

Sie zu erreichen heißt, so zu werden wie sie, heißt, sie mit einer Hingabe zu bewundern, die der Verehrung nahekommt und die uns dazu bringt, unser Leben nach diesen Vorbildern auszurichten. Und warum sollten wir sie nicht verehren? Sind sie nicht Manifestationen der Wahrheit? Ist es nicht die Wahrheit, die wir immer suchen und verehren? Aus der Sicht des Dualisten sind sie Lampen, die durch die Gnade Gottes aufgestellt wurden, um unsere Füße zu leiten. Für den Nicht-Dualisten sind sie Modifikationen der Wahrheit, die sich für ihn in seinem eigenen Geist manifestieren, und sein Bestreben ist es, auf seinem Weg zum Aufgehen im großen Ozean der Wahrheit mit ihnen zu verschmelzen.

Es gibt keinen Unterschied zwischen dem Willen der Gottheit und denen, die ihren Willen mit diesem göttlichen Willen gleichgesetzt haben. Sie sprechen sozusagen mit der Stimme Gottes. Wir gewinnen also die Liebe durch diese Liebenden, die größer sind als wir selbst. Nichts ist so ansteckend wie die Liebe. Es ist unmöglich, denen, die uns uneigennützig lieben, lange zu widerstehen. Wir sind von ihrer Liebe entflammt.

43. Schlechte Gesellschaft ist in jeder Hinsicht zu meiden.

44. Weil sie Leidenschaft, Zorn, Torheit, Ablenkung, Entscheidungslosigkeit und Energieverlust verursacht.

45. Diese (Neigungen), die zunächst wie Wellen sind, werden wie Ozeane.

Man muss unterscheiden zwischen dem Umgang mit bösen Gefährten, um an ihren Vergnügungen teilzuhaben, und dem Versuch, durch den Umgang mit denen, die anscheinend Gewohnheiten verfallen sind, die noch mehr Unwissenheit und Elend hervorbringen, eine Besserung zu bewirken. Die Lehre der Liebe ist weit entfernt von Ausschließlichkeit, denn sie macht nirgends einen Unterschied. Ihre Methode ist universelles Mitgefühl und Geduld. Selbstgerechtigkeit ist sehr verhängnisvoll, denn sie ist ein sehr subtiles Gift. Das gleiche gilt für das übermäßige Selbstvertrauen, das den Menschen glauben lässt, er könne alles tun, weil er keine Bindung mehr hat und keine Gefahr besteht, wirklich in die Knechtschaft zu geraten. Beides hat seinen Ursprung in der Eitelkeit und hat grausame und erbarmungslose Folgen. Eine Grausamkeit und Unbarmherzigkeit, die wir zur Genüge kennen, denn nur sie belehren uns.

46. Wer durchquert Maya (die Illusion) wirklich? Derjenige, der (böse) Gesellschaft aufgibt, derjenige, der sich mit den Großen verbindet, derjenige, der auf Besitz keinen Wert legt.

47. Wer einsame Orte aufsucht, wer die Fesseln der Welt sprengt, geht über die drei Kräfte (Gunas) hinaus und gibt alle Sorge um den Lebensunterhalt auf.

48. Derjenige, der die Früchte der Arbeit aufgibt, gibt alle Arbeit auf und wird so von den „Gegensätzen" befreit.

49. Derjenige, der sogar die Veden aufgibt und zu unbeugsamer Liebe gelangt.

50. Der überquert in der Tat (Maya), er überquert (Maya) und hilft anderen, sie zu überqueren.

Maya bedeutet für den Bhakta oder Verehrer die Knechtschaft der Materie durch Sinnesreize und

Selbstsucht. Die erste Aussage, die keine Wiederholung dessen ist, was zuvor gesagt wurde, besagt, dass derjenige, der die Knechtschaft überwinden will, jedes Gefühl von Besitz aufgeben muss. Die Liebe hat nichts Eigenes. Reichtum, Kraft, Fähigkeiten – all das darf nur als Treuhandvermögen für die Welt gelten, als Dienst an jeder strebenden Manifestation des Lebens.

Der wahre „einsame Ort" befindet sich in der Tiefe des Herzens, wo er, nachdem alle Tore für die Störung durch die Sinne verschlossen sind, in dauerhafter Einsamkeit das „Eine ohne ein Zweites" sieht. Wie können diese Türen, durch die die Ablenkungen eintreten, geschlossen werden? Für den Bhakta durch Liebe und Liebe und nochmals Liebe, indem er alles aus seinen Gedanken vertreibt, außer Sympathie, Mitgefühl und jene Gedanken und Emotionen, die gleichsam zu einer vollkommen leidenschaftlichen Liebe führen. Sie mag in ihrer Inbrunst für uns überspannt sein, waghalsig, albern, aber unbesiegbar und unnachgiebig.

Indem er ihr freien Lauf lässt, sie niemals bremst, vielleicht über das Elend der Welt und das Gefühl der Trennung vom einen Ozean des Lebens und der Liebe weint, Tag und Nacht, in der Öffentlichkeit oder in der Einsamkeit, und sich um nichts anderes kümmert als um die Verwirklichung dessen, indem er sich durch Gewissensbisse und Vorwürfe für jedes Versagen in der Liebe kasteit, erreicht er schließlich eine große Ruhe, eine große Gelassenheit: er steht am „anderen Ufer". Er weiß, er fühlt. Seine Schultern mögen von den Striemen gezeichnet sein, die auf die der anderen fallen, aber er leidet nicht mehr. Er ist immer glücklich und zufrieden. Keine Worte können diesen Zustand erklären, und weil er nicht ausgedrückt werden kann, außer durch Verneinungen, ist er ein Geheimnis – „Der Friede, der alles Verstehen übersteigt."

Die drei Kräfte, Gunas, sind die drei Unterteilungen, unter die alles in der Welt fällt, je nachdem, ob es sich um das Wesen des „Guten", der „Leidenschaft" oder der „Trägheit" handelt. Das ist die Aufzählung der Sankhya-Philosophie. Die „Gegensätze" sind natürlich Hitze und Kälte, Freude und Schmerz, Lob und Tadel usw. Eines der größten Zeichen der Liebe ist der Verzicht auf die Belohnungen, die sich aus unseren Bemühungen ergeben, bis hin zur Erlangung der Glückseligkeit, die sich über lange Zeiträume in irgendeinem Himmel erstreckt. Wer ein Land besucht hat, braucht keine Reiseführer lesen. Wer eine Wirklichkeit gefunden hat, braucht keine Schriften. Wer zur Verwirklichung der Liebe fortschreitet, nimmt durch seine Bemühungen jeden mit, mit dem er in Kontakt kommt.

51. Unaussprechlich ist die wesentliche Natur der Liebe (Prema).

52. Wie der Geschmack eines stummen Menschen.

53. In einem bestimmten Gefäß manifestiert sie sich.

54. Frei von den drei Eigenschaften, ohne Verlangen, ständig wachsend, beständig. Sie ist dem Wesen nach subtile Wahrnehmung.

55. Nachdem er die Liebe erlangt hat, sieht er das allein, hört das allein, spricht über das allein und denkt über das allein nach.

Kein religiöses System gibt vor, die Gottheit zu definieren. Es kann sich bestenfalls mit anderen Systemen darum bemühen, einen intellektuellen oder emotionalen Schleier zu lüften, durch den hindurch das Licht Gestalt annehmen kann. Die Liebe ist eines davon, und es wird darauf hingewiesen, dass die wesentliche Natur der Liebe, die jene der Gottheit ist, nicht ausgedrückt werden kann. Wie ein Stummer, der schmecken kann, aber seinen Sinneseindruck nicht ausdrücken kann, so ist es auch mit der Liebe. Man kann sie fühlen, aber nicht beschreiben. Man sieht sie in einem bestimmten Individuum („Gefäß") aufleuchten. Man stellt fest, dass sie frei von den drei Eigenschaften oder Kräften ist, die allen materiellen Dingen innewohnen (sattwa, rajas und tamas – Helligkeit oder Güte, Aktion oder Leidenschaft und Trägheit oder Dummheit). Sie hat keine Selbstsucht. Sie scheint immer größer zu werden, je mehr man sie sucht. Sie wankt nie. Sie wird im Herzen als eine Subtilität von denen gefunden, die ihre schärfsten Wahrnehmungen nach innen richten. Wenn der Mensch die Liebe einmal erfahren hat, widmet er all seine Aktivitäten ihr.

56. Die Verehrer sind von dreifacher Art, den drei Eigenschaften entsprechend, oder aufgeteilt nach Bittsteller etc.

57. In jeder Gruppe ist die erste der drei Arten höher als die beiden anderen.

Die Beschreibung der verschiedenen Formen der Verehrung und der verschiedenen Verehrer findet sich in der Bhagavad Gita. Die drei Eigenschaften wurden bereits genannt. Der „Bittsteller" usw. steht für denjenigen, der nach weltlichem Wohlstand sucht. Von diesen „Bittstellern" sind derjenige, der sich der „Helligkeit" (oder Güte) in sich selbst widmet, und derjenige, der darum bittet, dass göttliches Mitgefühl und Liebe für ihn sichtbar werden, die beiden wichtigsten.

„Vier Arten von guten Menschen verehren Mich, Arjuna: die Geplagten, jene, die Wissen suchen, die nach Gewinn streben und die Weisen."

„Am Ende vieler Geburten kommt der Mensch, der Weisheit besitzt, zu Mir, aber der Mahatma (die große Seele), der sagt ‚Vasudeva (Krishna) ist alles', ist sehr schwer zu finden." (Bh. Gita VII, 16, 19)

58. Liebe (Bhakti) ist einfacher als andere Methoden.

59. Da sie selbstevident ist, hängt sie nicht von anderen Wahrheiten ab.

60. Und weil sie dem Wesen nach Frieden und höchste Glückseligkeit ist.

Diese Verse haben bereits eine Erklärung in den Anmerkungen zu den Versen 25-33 gefunden.

61. An die Zerstörung von Volksbräuchen ist nicht zu denken. Geweihte Seelen zollen den gesellschaftlichen Bräuchen und denen der Schriften Respekt.

62. Wenn man die Liebe erlangt hat, soll man die gesellschaftlichen Bräuche nicht verachten, sondern sie ausführen (und auf die Früchte verzichten).

Es gibt eine große Tendenz, wenn der Geist frei geworden ist, die Leitlinien zu vergessen, die für andere notwendig sind, die noch durch Vorurteile, Unwissenheit oder Egoismus gebunden sind. Man neigt dazu, die Meinung zu vertreten, dass es heuchlerisch sei, sich äußerlich dort anzupassen, wo man innerlich nur eine Sitte oder eine Form erkennt, und dass man den anderen gewaltsam die Binde von den Augen reißen kann. Es gibt einen Unterschied zwischen der Begrenzung der Wahrheit, die den Menschen dennoch in die richtige Richtung lenkt, und einer Verzerrung oder Perversion. Die Wahrheit ist für jedes manifestierte Wesen begrenzt, und es ist immer nur eine Frage des Grades. Aus dieser subtilen Frage hat sich eine Vielzahl von intellektuellen Streitigkeiten ergeben, darunter auch die, die Mittel durch den Zweck zu rechtfertigen. Es gibt den Verfechter, der alles abschafft, über das er selbst hinausgegangen ist, und seinen Rivalen, der behauptet, dass allein das Motiv zählt und die Methoden nichts bedeuten, dass jede falsche Hoffnung in einem anderen genährt, jede Täuschung praktiziert werden kann, wenn sie den Anhänger in die richtige Richtung führt.

Die Antwort auf all dies ist, dass es bestimmte Formen und Bräuche gibt, die zu weniger verborgenen Wahrheiten führen, die eine Leiter bilden, auf deren Sprossen die Menschen hinaufsteigen können, und dass es wiederum andere Methoden gibt, die äußerst indirekt oder den oben genannten entgegengesetzt sind. Von diesen beiden Gruppen sollte der Mensch das befolgen, was er für das Richtige hält, und sich allem widersetzen, was dem entgegengesetzt oder äußerst indirekt ist. Für jenen, der „über die Gegensätze hinausgegangen" ist, sind „Gut und Böse" nur Namen. Doch wenn er, während er unter den Menschen lebt, sich nicht an das hält, was sie als gut erkennen können, und das meidet, was sie als böse erkennen können, würde er sie die lange Leiter hinunterstoßen, auf der er selbst lange Zeit in treuem Erkennen und Glauben an Gut und Böse aufgestiegen ist.

63. Beschreibungen der Schönheit der Frau, atheistische Schriften und die Taten der Feinde der Liebe sollen nicht gehört werden.

64. Egoismus und Arroganz sollen aufgegeben werden.

65. Alle Aktivitäten sollen Ihm überlassen werden. Sogar Leidenschaft, Zorn, Stolz usw. sollen (nur) in diesem Zusammenhang erfolgen.

Das wirksamste Mittel, um sich von jeder Fessel zu befreien, sei es von der Leidenschaft („die Schönheit der Frau"), sei es vom Wunsch, zu verhöhnen oder zu verunglimpfen (verleumderische Literatur), sei es vom Zorn, von der Empörung und Gewalt (die Taten der Feinde der Liebe), besteht darin, den Geist von solchen Neigungen zu lösen und ihn auf etwas anderes zu richten. Das Anhören und Reden über diese Dinge pflanzt nur Samen in den Geist, die keimen können.

„Um ein zweifelhaftes Thema zu vertreiben, denke über sein Gegenteil nach." (Patanjali)

Vers 65 erscheint seltsam. Angenommen, ein Mensch hat eine so starke Empfindung von Leidenschaft, Zorn und Stolz, dass er sie nicht unterdrücken kann, dann soll er versuchen, seine Leidenschaft in der intensiven Hingabe an Gott als den Schönen und Vollkommenen zu festigen. Wenn er Zorn empfindet, soll er ihn über sich selbst ausschütten, über seine eigenen Unzulänglichkeiten. Wenn er Stolz empfindet, soll er stolz auf seine Freundschaft mit Gott sein, dass Gott sein Geliebter ist. So werden diese Schwächen mit der Zeit allmählich umgewandelt.

66. Man soll die drei in eines verschmelzen, indem man sich als ewiger Diener oder ewiger Geliebter betrachtet. Man muss Liebe (Prema) geben.

67. Die Verehrer, die dieses eine Ziel im Leben haben, sind die Größten.

68. Mit erstickter Stimme, mit zu Berge stehenden Haaren und unter Tränen sprechen sie miteinander von der Liebe und reinigen so ihre Familien in der Welt.

69. Sie sind die Quelle der Heiligkeit an heiligen Orten. Sie machen aus jedem Werk ein gutes Werk und aus den Schriften Heilige Schriften.

70. Sie sind voll von Göttlichkeit.

71. Ihre Vorfahren jubeln. Die Götter tanzen vor Freude. Diese Erde findet Beschützer.

72. Unter ihnen darf kein Unterschied nach Kaste, Bildung, Schönheit, Geburt, Reichtum, Beruf usw. gemacht werden.

73. Denn sie sind Sein.

Die drei sind der Liebende, die Liebe und der Geliebte. Diese sind in einem zu vereinen, so dass es nirgendwo mehr eine Trennung gibt. Der Bhakta kann sich als Diener betrachten und durch den Dienst an allen Wesen, in denen er die Göttlichkeit sieht, Gott dienen. Oder er kann sich als Geliebter fühlen und seine Liebe im Gegenzug auf alle Werke Gottes, des Liebenden, ausgießen.

„Mit erstickter Stimme" usw. drückt die höchsten Gefühlszustände aus. Diese sind ansteckend, und ihre Manifestation neigt zweifellos dazu, die Herzen der anderen zu erheben. Bei extremer Freude richten sich die Haare des Körpers auf. In den westlichen Ländern wurde dieses Phänomen nicht beobachtet, denn unsere

Körper sind immer bedeckt. Wir spüren jedoch eine eigentümliche Bewegung der Haut, die tiefe emotionale Erfahrungen angenehmer Art begleitet. In der alten Sanskrit-Literatur gibt es mehrere Hinweise auf dieses Aufrichten der Haare am Körper.

Diejenigen, in denen die Liebe vollkommen leuchtet, werfen einen Heiligenschein über alles, was sie tun, über alles, was sie berühren oder dem sie sich nähern.

Der Gedanke ist eine große Kraft, eine wunderbare Energie, die alles andere an Ausmaß übertrifft. Wunderbar ist die Schnelligkeit und das fast augenblickliche Wirken der Elektrizität, aber dies bleibt weit hinter den Kräften des Denkens zurück. Der Gedanke kann aufbauen und zerstören. Er wirkt durch jede Erscheinung in diesem Universum.

„Die ganze Welt ist wahrlich Geist."

Durch seine Subtilität entzieht er sich. Seine Methoden erwecken in uns die Vorstellung, dass wir allein die Denker unserer Gedanken sind. Woher kommen die Motive, woher die Anregungen, die auf den Saiten unseres Herzens spielen, die von Stunde zu Stunde, von Tag zu Tag in unseren Gehirnen pulsieren? Wer kann so tief in die Eingebungen eindringen, die uns bewegen, um auch nur ihren ungefähren Ursprung zu entdecken? Und doch identifizieren wir sie alle mit der Grundidee „Ich". Derjenige, der vielleicht in einer Höhle sitzt oder scheinbar sein Leben in der Sonne vertrödelt, der weder mit der Feder noch mit dem

Geldbeutel etwas unternimmt, der scheinbar keinen Anteil an den praktischen Bemühungen um das Wohl der Menschen hat, kann dennoch eine lebendige Energiequelle sein, von der ein starker Einfluss in Form von Gedanken in alle Richtungen ausstrahlt. Rein und selbstlos können sie durch die Welt schwingen und die Gemüter, die mit ihnen in Einklang stehen, anregen und ermutigen.

Höher als die Dichter, jenseits der Essayisten oder Prediger, steht derjenige, der Vorstellungen verstehen, kontrollieren und projizieren kann. Gegen das, was man nicht sehen kann, gibt es keinen Widerstand, es sei denn durch etwas Ähnliches – durch Gedanken.

Dasselbe Gesetz gilt für böse Anregungen und für gute. Sie sind überall, und der Verstand nährt sich von ihnen zum Guten oder zum Schlechten, je nachdem, was er braucht. Selbst die Wände alter Heiligtümer und Räume, in denen die Gesegneten und Reinen gelebt haben, sind mit ihren Gedanken durchtränkt. Dies kann Jahrhunderte andauern. Es kann nur von denen erkannt und gefühlt werden, die für solche Einflüsse empfänglich sind, und die sind sehr selten. Denn das Leben eines Heiligen gelesen zu haben, sich mit seinen schriftlichen Lehren zu beschäftigen und dann den Ort seines Wirkens zu besuchen, bringt weitere Faktoren ins Spiel.

Die Vorfahren jubeln, und die Götter freuen sich, denn sie sehen ihren eigenen Sieg, ihre eigene Befreiung aus der Knechtschaft voraus. Der Mensch ist die höchste aller Manifestationen im Universum, denn nur durch die menschliche Geburt kann die Identität mit Gott erlangt werden und die endgültige Befreiung von den Fesseln der Geburt, des Wachstums, des Verfalls und des Todes. Alle Götter in den höchsten Himmeln sind diesen Fesseln unterworfen, und sie können durch kein anderes Tor zu Moksha, zur Befreiung, gelangen als durch die menschliche Geburt.

Als Christus siegte, kamen die Engel und dienten ihm, und so freuen sie sich auch über jeden Menschen, der ein Christus wird, und dienen ihm. Von den höchsten Himmeln bis zu den untersten Höllen „zitterten" die Welten, als Buddha siegte, denn sein ist der Sieg, der für immer befreit. Er ist die grundlegende Hoffnung für jedes Lebewesens, die tief in seinem Herzen sitzt und ihm selbst unbekannt ist, es sei denn, es handelt sich um Menschen und Götter. Durch solche Siege, die nur durch das Menschsein möglich sind, werden die Fundamente aller manifestierten Welten erschüttert. Durch die Siege von Christus und Buddha gab es „mächtige Erdbeben". In langsamen oder schnellen Etappen geht jedes Lebewesen durch die Menschheit, durch das Christus-Sein oder die Buddhaschaft in Gott ein.

Wenn ein Mensch den Zustand eines vollkommenen Bhakta erlangt hat, verkörpert er sozusagen nicht mehr die Menschheit. Er reflektiert direkt die Göttlichkeit. Er spricht mit der Stimme Gottes. Unterscheidungen nach Kaste, Bildung usw. sind nicht mehr möglich.

74. Vergebliche Diskussionen sind zu vermeiden.

75. Wegen ihrer Grenzenlosigkeit und ihrer Ungewissheit.

76. Man soll über die Schriften der Hingabe nachdenken und Werke verrichten, die die Hingabe steigern.

Diskussionen sind entweder destruktiv oder konstruktiv. Ersteres ist „eitel". Überlasse anderen ihre Theorien und Systeme. Begnüge dich damit, deine eigenen aufzubauen und auszudrücken. Arbeite mit jenen Schriften, die deine eigene Veranlagung entwickeln – in diesem Fall Bhakti, Liebe.

77. Verzichte auf Vergnügen und Schmerz, Sehnsucht, Gewinnsucht usw. Überlasse sie der Zeit, verbringe keinen halben Augenblick vergeblich.

78. Harmlosigkeit, Wahrhaftigkeit, Reinheit, Barmherzigkeit, Bejahung der Wahrheiten der heiligen Schriften, diese Tugenden sollen beachtet werden.

79. Gott soll stets mit voller Konzentration und ohne jede Angst verehrt werden.

80. Indem Er gelobt wird, offenbart Er sich bald und lässt sich von Seinen Verehrern spüren.

81. Zu allen Zeiten (Vergangenheit, Gegenwart und Zukunft) ist die Liebe das Größte.

Suche kein anderes Mittel als die Liebe, und zögere nicht. Vergnügen und Schmerz, rastloses Streben und alles andere muss der Zeit überlassen werden, um daran zu arbeiten. Ursache und Wirkung sind in der Welt des Denkens, wie auch anderswo, unvermeidlich. Das Rad dreht sich noch weiter, nachdem die antreibende Hand zurückgezogen wurde. Alle Ursachen, die in uns schlummern und auf ihre Zeit warten, müssen unweigerlich verarbeitet werden. Aber die Wirkungen dürfen uns nicht „beflecken", dürfen uns nicht beeinträchtigen, wenn wir völlig ohne „Anhaftung an die Frucht der Werke" geworden sind. Wenn eine Mutter, die in der Welt allein gelassen wird, zum Schutz ihres Kindes Krankheit und Schmerz so ignorieren kann, dass sie ihr Leben um des Kindes willen über viele Jahre hinweg verlängert – und es sind viele solcher Fälle bekannt – wie viel mehr ist dies bei demjenigen der Fall, dessen Aufmerksamkeit mehr und mehr Gott gilt!

Auch heute noch gibt es Menschen, die bei Fieber, Ruhr und Ähnlichem ärztliche Hilfe ablehnen. „Das sind Auswirkungen der Vergangenheit", sagen sie. „Sie sollen sich selbst regeln wie sie wollen. Unsere Aufmerksamkeit ist ganz und gar bei Gott."

Die hoffnungslosesten Patienten für Ärzte sind diejenigen, die sich selbst bemitleiden und deren Gedanken immer nur um sich selbst kreisen. Die gleichen krankhaften Prozesse können auf den Geist angewandt werden und zu unsagbarem Elend führen. Überall auf der Welt finden wir diejenigen am glücklichsten, die sich selbst in ihrer Hingabe an ein anderes Objekt vergessen haben. Wenn schon ein materielles und vergängliches Objekt Glück hervorrufen kann (so vergänglich es auch sein mag), wie viel mehr ist dies der Fall, wenn das Objekt nicht nur ewig ist, sondern auch immer befriedigender zu werden scheint!

Deshalb sollte der Bhakta „ohne jegliche Ängste" sein. Er nimmt die Liebe Gottes an. Er gibt alles, was er hat, und spürt, dass auch das die Liebe Gottes ist, die zu sich selbst zurückkehrt. Es gibt keine Liebe in der Frage: „Bin ich gerettet?" Aber vergleiche das Folgende:

„Oh Herr! Oh Unvergänglicher! Wenn ich mich auch über tausende von Geburten wundern mag, möge meine unsterbliche Liebe immer bei Dir sein." (Vishnu Purana)

Die göttliche Liebe ist bereits im Herzen desjenigen, der danach strebt, und wie Vers 80 sagt, „offenbart Er sich bald und lässt sich von Seinen Verehrern spüren."

82. Anhänglichkeit durch die Herrlichkeit. Anhänglichkeit durch Pflicht. Anhänglichkeit durch Verehrung. Anhänglichkeit als Diener. Anhänglichkeit als Freund. Anhänglichkeit als Geliebter. Anhänglichkeit als Kind. Anhänglichkeit als Selbstaufopferung. Anhänglichkeit durch Identifikation. Anhänglichkeit durch den Schmerz der Trennung (wie bei Liebenden). So nimmt die eine Liebe elf Formen an.

Es gibt eine fast unendliche Anzahl von Methoden im Yoga. Jeder Geist muss entsprechend seiner Eigenart wählen. „Anhänglichkeit durch die Herrlichkeit" ist das Staunen und die Bewunderung von Macht, Erhabenheit usw., wie sie sich im Universum manifestieren. „Durch Schönheit" ist die ästhetische Methode, durch Kunst usw. Alle Formen sind schön, da sie das Werk des Liebenden darstellen. „Durch Verehrung" erklärt sich von selbst, wie auch der Rest. Mit „Elend und Trennung" ist gemeint, dass man nur dann Glück findet, wenn man sich an Gott erinnert, wenn Er sozusagen im Herzen gegenwärtig ist, und dass man das Gefühl hat, dass alles trostlos ist, wenn man beim Blick auf die objektiven, vergänglichen Welten den einen Ewigen vergisst.

83. So sagen Kumara, Vyasa, Suka, Sandilya, Garga, Vishnu, Sesa, Udhava, Varuni, Bali, Hanuman, Vibhisana usw., die Lehrer der Liebe (Bhakti), die furchtlos waren und gleichmütig, egal ob das, was sie sagten, als Geschwätz oder Weisheit angesehen wurde.

84. Wer glaubt und verehrt, was Narada auf Geheiß von Shiva verkündet hat, der wird von der Liebe besessen, er gewinnt dieses Liebste.

Die Namen der Weisen, die hier genannt werden, sind die Namen derer, von denen die verschiedenen Linien der Lehre abstammen. Sie alle lehrten auf die eine oder andere Weise, was in diesen Versen erklärt wird. Diese Linie der Nachfolge vom Lehrer zum Schüler, der seinerseits zum Lehrer wird und die Lehre an einen Schüler weitergibt, zieht sich durch die Jahrhunderte und ist von großer Bedeutung. Sie ist als Guruparampara bekannt. Die Gedanken und Worte eines Weisen hallen über Zeitalter hinweg in der Welt immer wieder nach, vor allem in den Herzen derer, die durch Einweihung (Diksha) mit dieser Lehre in Einklang stehen. Wahre Lehrer Christi stehen im Guruparampara von Christus.

Seine Worte (die nichts mit der reinen Sprache zu tun haben) überliefern einen Teil des unwiderstehlichen spirituellen Willens des großen und reinen Lehrers, den der heutige Vertreter in sich selbst finden kann. So ist es auch bei den wahren Anhängern Buddhas, den Lehrern des Gesetzes. Das gilt auch für diejenigen, die sich von einem Lehrer einer Linie der Nachfolge, wie im Vers erwähnt, haben einweihen lassen (Diksha). Diese Einweihung schränkt einen Menschen nicht ein, hindert ihn nicht daran, selbst zu denken oder durch andere Lehrer zu lernen, aber es wird angenommen, dass ein besonderer Einfluss auf ihn herabkommt, eine Welle des spirituellen Gedankens des alten Lehrers (Gurus), die von denen, durch die sie gekommen ist, lebendig gehalten und vielleicht verstärkt wird.

Vivekanandas Vortrag über die Narada Bhakti Sutras auf den „Tausend Inseln"

(Vortrag vom 24. Juni 1895,
aus: Complete Works VII)

„Höchste Liebe zu Gott ist Bhakti, und diese Liebe ist die wahre Unsterblichkeit. Wenn ein Mensch sie erlangt, ist er vollkommen zufrieden, beklagt keinen Verlust und ist niemals eifersüchtig. Wenn er sie kennt, wird er verrückt."

Mein Meister pflegte zu sagen: „Diese Welt ist ein riesiges Irrenhaus, in dem alle Menschen verrückt sind, einige nach Geld, einige nach Frauen, einige nach Namen oder Ruhm, und einige wenige nach Gott. Ich ziehe es vor, nach Gott verrückt zu sein. Gott ist der Stein der Weisen, der uns in einem Augenblick in Gold verwandelt. Die Form bleibt, aber das Wesen wird verändert. Die menschliche Form bleibt, aber wir können nicht mehr verletzen oder sündigen."

„Wenn sie an Gott denken, weinen manche, singen manche, lachen manche, tanzen manche, sagen manch wunderbare Dinge, aber alle sprechen von nichts anderem als von Gott."

Propheten predigen, aber Inkarnationen wie Jesus, Buddha, Ramakrishna können Religion geben. Ein Blick, eine Berührung genügt. Das ist die Kraft des

Heiligen Geistes, das „Handauflegen". Die Kraft wurde vom Meister an die Schüler weitergegeben, die „Kette der Guru-Kraft". Das ist die wahre Taufe, die seit unzähligen Zeiten überliefert wurde.

„Bhakti kann nicht dazu benutzt werden, irgendwelche Wünsche zu erfüllen, da sie selbst die Kontrolle aller Wünsche ist." Narada nennt folgendes als Zeichen der Liebe: „Wenn alle Gedanken, alle Worte und alle Taten dem Herrn übergeben werden und die geringste Vergesslichkeit Gottes einen zutiefst unglücklich macht, dann hat die Liebe begonnen."

„Das ist die höchste Form der Liebe, weil darin kein Verlangen nach Gegenseitigkeit ist, das in jeder menschlichen Liebe steckt."

„Ein Mensch, der über die gesellschaftlichen und von den Schriften vorgeschriebenen Sitten hinausgegangen ist, ist ein Sannyasin. Wenn die ganze Seele zu Gott geht, wenn wir nur zu Gott Zuflucht nehmen, dann wissen wir, dass wir im Begriff sind, diese Liebe zu bekommen."

Gehorcht den Schriften, bis ihr stark genug seid, ohne sie auszukommen. Dann geht über sie hinaus. Bücher sind nicht der Weisheit letzter Schluss. Die Überprüfung ist der einzige Beweis für die religiöse Wahrheit. Jeder muss sich selbst vergewissern. Keinem Lehrer ist zu trauen, der sagt: „Ich habe gesehen, aber du kannst es nicht", sondern nur dem, der sagt: „Du kannst auch sehen." Alle Schriften, alle Wahrheiten sind Veden in allen Zeiten, in allen Ländern, denn diese Wahrheiten sind sichtbar, und jeder kann sie entdecken.

„Wenn die Sonne der Liebe am Horizont aufbricht, sollen wir alle unsere Handlungen Gott überlassen. Und wenn wir Ihn für einen Augenblick vergessen, betrübt uns das sehr."

Lass nichts zwischen Gott und deiner Liebe zu Ihm stehen. Liebe Ihn, liebe Ihn, liebe Ihn, und lass die Welt sagen, was sie will. Es gibt drei Arten von Liebe: Die eine verlangt, gibt aber nichts, die zweite ist ein Austausch, und die dritte ist Liebe ohne Gedanken an eine Gegenleistung – Liebe wie sie die Motte zum Licht hat.

„Liebe ist höher als Arbeit, als Yoga, als Wissen."

Arbeit ist lediglich eine Schulung für den Handelnden. Sie kann anderen nichts Gutes bringen. Wir müssen unser eigenes Problem lösen. Die Propheten zeigen uns nur, wie wir arbeiten sollen. „Was du denkst, das wirst du". Wenn du also deine Last auf Jesus wirfst, musst du an Ihn denken, werden wie Er und Ihn lieben.

„Höchste Liebe und höchste Erkenntnis sind eins."

Aber es genügt nicht, über Gott zu theoretisieren. Wir müssen lieben und arbeiten. Gebt die Welt und alle weltlichen Dinge auf, besonders solange die „Pflanze" zart ist. Denkt Tag und Nacht an Gott und an nichts anderes, soweit es möglich ist. Die täglich notwendigen Gedanken können alle durch Gott gedacht werden.

Esst mit Ihm, trinkt mit Ihm, schlaft in Seiner Gegenwart, seht Ihn in allem. Sprecht mit anderen über Gott. Das ist sehr nützlich.

Erlangt die Barmherzigkeit Gottes und die Seiner größten Kinder. Dies sind die beiden Hauptwege zu Gott. Die Gesellschaft dieser Kinder des Lichts ist sehr schwer zu bekommen. Fünf Minuten in ihrer Gesellschaft werden ein ganzes Leben verändern, und wenn du es wirklich genug willst, wird einer zu dir kommen. Die Gegenwart derer, die Gott lieben, macht einen Ort heilig, „so ist die Herrlichkeit der Kinder des Herrn". Sie sind Er, und wenn sie sprechen, sind ihre Worte heilige Schriften. Der Ort, an dem sie waren, wird von ihren Schwingungen erfüllt, und diejenigen, die dorthin gehen, spüren sie und haben die Neigung, ebenfalls heilig zu werden.

„Für solche Liebenden gibt es keinen Unterschied zwischen Kaste, Gelehrsamkeit, Schönheit, Geburt, Reichtum oder Beruf, denn alle sind Sein."

Gib jede schlechte Gesellschaft auf, besonders am Anfang. Vermeide weltliche Gesellschaft, die deinen Geist ablenkt. Gib alles „Ich und Mein" auf. Zu dem, der nichts in der Welt hat, kommt der Herr. Schneide die Fesseln aller weltlichen Neigungen ab. Überwinde die Faulheit und alle Sorge um das, was aus dir wird. Kehr niemals zurück, um das Ergebnis deiner Taten zu sehen. Gib alles dem Herrn, geh weiter und denk nicht daran. Die ganze Seele strömt in einem ununterbrochenen Strom zu Gott. Es gibt keine Zeit, Geld, Namen oder Ruhm zu suchen, keine Zeit, an irgendetwas anderes als an Gott zu denken. Dann wird jene unendliche, wunderbare Glückseligkeit der Liebe in unsere Herzen kommen.

Alle Wünsche sind nur Glasperlen. Die Liebe zu Gott wächst in jedem Augenblick und ist immer neu. Man kann sie nur durch das Fühlen erkennen. Die Liebe ist das Einfachste von allem. Sie erwartet keine Logik, sie ist natürlich. Wir brauchen keine Demonstration, keinen Beweis. Vernunft ist die Begrenzung von etwas durch unseren eigenen Verstand. Wir werfen ein Netz aus und fangen etwas, und dann sagen wir, dass wir es bewiesen haben. Aber niemals, niemals können wir Gott mit einem Netz fangen.

Die Liebe sollte von nichts abhängen. Selbst wenn die Liebe irrt, ist es die wahre Liebe, die wahre Glückseligkeit. Die Kraft ist dieselbe, wir können sie nutzen, wie wir wollen. Ihr wahres Wesen ist Frieden und Glückseligkeit. Der Mörder, der sein Kind küsst, vergisst für einen Augenblick alles außer der Liebe. Gib dich selbst auf, allen Egoismus, verlasse den Zorn, die Lust, gib alles Gott. „Ich bin nicht, sondern Du bist. Der alte Mensch ist ganz verschwunden, nur Du bleibst." „Ich bin Du." Gib niemandem die Schuld. Wenn das Böse kommt, wisse, dass der Herr mit dir spielt, und sei froh.

Die Liebe ist jenseits von Zeit und Raum. Sie ist absolut.